조그만 댕댕이 발자국들

심재황 제12 시집

조그만 댕댕이 발자국들
심재황 제12 시집
2024년 12월 30일 제1판 인쇄 발행

지은이 | 심재황
펴낸이 | 심재황
펴낸곳 | 도서출판 나리북스

등록번호| 542-12-01995 (2022년 02월 08일)
주소 　| 15802 경기도 군포시 고산로 677번길 34, 1324-1303
대표전화| 031) 398-5610
팩스 　| 031) 398-5610
이메일 | julyshim@hanmail.net
ISBN 979-11-979286-8-0 (03800)
가격 10,000원

※ 잘못 만들어진 책은 바꿔드립니다.
ⓒ 이 책 내용의 일부 또는 전부를 재사용하려면
반드시 저작권자의 동의를 받아야 합니다.

조그만 댕댕이 발자국들

심재황 제12 시집

나리북스

작가의 말

제가 어렸을 때 안짱다리 털복숭아 얼룩 강아지를 키웠어요. 그때는 마당에서 키웠는데, 여러 번 이사 다니면서 잘 보살펴 주지 못하기도 했어요.

그 이후로 어머니는 말씀하셨어요. 강아지에게 미안하고 죄를 짓는 것 같으니, 이제 강아지 키우지 말자고.

2년 전에 다시 크림색 포메라이언 댕댕이를 데리고 오게 되었어요. 어렸을 때 함께 있던 강아지 이름을 그대로 이어서 "애리(Aery)"라고 부르기로 했어요.

어린 애리는 상처를 안고 있었기에, 습관도 사교성도 부족하지만 서로 잘 지내기로 약속했어요. 눈을 마주 보며 서로 아름다운 마음을 주고받자고.

저 길을 함께 가면서, 애리는 세상에 대한 마음을 조금씩 열고 있어요.
저 길을 되돌아오며, 애리가 사람에 대한 마음을 좀 더 열기를 기다려요.

2024년 12월 10일

차 례

5. 작가의 말

1 부. 봄이 오면서

12. 무지개 다리 건너며
13. 봄비 내리고
14. 애리 발 씻기
15. 봄바람 들이키고
16. 나는 너를 안고서
18. 한밤 별빛
19. 겁먹은 애리
20. 명예반장 되기를
21. 댕댕이는 모르고
22. 현관 안에 앉아서
23. 잠시 잠들고
24. 한밤에 약속
25. 이른 벚꽃길
26. 외계 댕댕이
27. 이상한 짐승
28. 외출 바라기
29. 변하는 습관
30. 방울토마토 세 개
32. 담장 능소화
33. 보름달 사연

34. 오늘 산책
35. 절룩이는 까치
36. 사월 르비딤

2 부. 더워지는 여름

38. 더운 팔곡마을
39. 조용한 더위
40. 뒤집고 낮잠
41. 잡초길
42. 속이 아파서
44. 죽암마을 안골
45. 발걸음
46. 서늘한 새벽
47. 별일 없기를
48. 불루베리 알맹이
50. 무지개 색깔
51. 비 걱정
52. 불안한 내일
53. 아침 얼굴
54. 여름 미용
55. 그리운 애리
56. 한적한 산책길
57. 저녁 지나면
58. 애교쟁이
59. 고달픈 세상살이
60. 꼬인 털

3 부. 가을 길에서

62. 가을 첫날
63. 9월 더위
64. 냇가 벼이삭
65. 치밋산 샛길
66. 현불사 참나무
67. 가을 속으로
68. 샛골 가을비
69. 가을 반월호수
70. 가을 털빛
71. 호수 돌계단
72. 건건 마을 냇가
73. 한밤 사프란
74. 르비딤 무지개
75. 그 길 쉼터
76. 길가 구절초
77. 비어지는 마음
78. 알밤 한 바구니
79. 코스모스 보면서
80. 갈색 길
81. 우리 함께
82. 르비딤 누나들
83. 불안한 마음
84. 가을바람 즐기며
85. 코스모스 줄무늬

86. 서늘한 바람
87. 분홍색 이불
88. 예민한 계절
89. 오늘 밤 혼자서
90. 갑자기 추워서
91. 눈을 마주 보며
92. 마른 낙엽
93. 보드라운 구름
94. 나는 누구
95. 낙엽을 헤치고
96. 가을 털끝
97. 단풍잎 밟으며
98. 낙엽 헤치고
99. 낙엽 산책길
100. 슬퍼지는 눈빛
101. 가랑잎 소리
102. 댕댕이 도토리

4 부. 추워지는 계절

104. 처음 보는 겨울 눈
105. 외로운 기다림
106. 따라오는 까치
107. 갸르릉 갸르릉
108. 기절한 원숭이
109. 길 건너기
110. 가려진 커튼
111. 까치 날아가고

112. 까만 발바닥
113. 언니를 기다리고
114. 속이 불편해서
116. 눈 밟으며
117. 하얀색으로
118. 안아주세요
119. 미워하지 않고
120. 젖은 고양이
121. 함박눈 보며
122. 별빛 비추고
123. 작은 눈
124. 이상한 잠버릇
125. 기어가는 길냥이
126. 초조한 미용
127. 우울한 눈빛
128. 발 시린 강아지
129. 동백꽃 담기고

130. 작품 해설

1 부

봄이 오면서

무지개 다리 건너며

엄마 품을 영원히 떠나서
무지개 다리 건너가는데

별들이 마구 쏟아지기에
두 손으로 가득 받았어요

엄마에게 한 줌 드리니
슬픈 일들이 떠오르걸랑
반짝이는 별빛을 보세요.

엄마는 무척 아름다워서
엄마를 바라보기만 해도
얼마나 기쁜지 몰랐어요.

저는 빛나는 별이 되어서
밤하늘 어디나 뛰어봐도

그때가 너무 아름다워서
잊지 못하기에 슬픈가요.

봄비 내리고

어두운 아침부터
봄비가 내리는데

크림색 댕댕이는
한동안 눈을 감고

앞발에 턱을 받히고
빗소리를 듣는데

빗소리 잦아들면
무언가 짐작하고

까만 눈 샛뜨면서
창문을 바라보네.

빗방울 그치자마자
나가기를 바라며

애리 발 씻기

지난주부터 어디에선가
노리끼리한 냄새 나기에
오늘 애리 발을 씻어요.

미지근한 물에 발을 담고
오물조물 주물러 헹구어도
투정거리지 않아요.

수건에 싸매 물기를 빼고
보송보송하게 말리니
그냥 발랑 드러누워서

허공에 발길질하는데
한결 개운한가 보아요.

봄바람 들이키고

들길을 죽 거닐다가
얼핏 바라보는 곳에서
바람이 불어오는데

댕댕이 긴 솜털이
살랑살랑 휘날리고
걸음마저 가볍기에

초봄 냄새가 어떤지
까만 코를 움찔대며

한 모금 들이키고서
다시 한 모금 마시네.

나는 너를 안고서

우리가 다시 만났을 때
그전에 한 번 보았지만
눈을 맞추기 어색한지

너는 몸을 조금 꼬면서
고개를 옆으로 돌리고서
꼬리를 살살 흔들었지.

서로 다시 바라보게 되고
눈빛을 외면할 수 없었고

내가 살며시 손을 내밀고
너는 가만히 눈을 내리고
내 손에 입을 맞추고서

나에게 안기고 싶어서
조그만 앞발을 들었는데

내가 너를 안았을 때
너는 앞발을 내 팔에 걸치고
몸을 줄곧 오므리고서
고개를 돌려서 나를 보았지.

너의 가슴은 콩콩콩 뛰었고
너의 눈빛은 말하고 있는데

이대로 함께 있기를 바라고
어디라도 데려가 달라고

한밤 별빛

너무나 조용하지만
추워서 나가지 못하고

깜깜한 밤이지만
별빛 한 무리 쏟아져서

잣나무 숲에 비추고
애리 눈에도 비추니

잣나무 검은 잎 빛나고
너의 검은 눈도 빛나고

겁먹은 애리

어수선한 상가에는
낯선 사람들 지나가는데

잔뜩 겁먹은 애리는
걍걍걍 짖어대는데

가까이 오지 말라고
손길을 내밀지 말라고
걍걍걍 짖어내는데

하도 많은 사람들이
별별 사람들이 무서워서

자기에게 오지 말라고
꼬랑지를 숨기고서
가슴 떨면서 짖어대네.

명예반장 되기를

오늘이 새봄 두 번 째 날이고
새 학기 개학 첫 날이라는데

언니는 반장이 되었다기에
저도 학교에 데리고 가 주세요.

우리 반에서 명예반장 하면서
언니를 힘껏 돕고 싶어요.

체육 시간에 신나게 응원하겠어요.
우우 워워워 우워

자습시간 딴짓거리 하는 애들에게
엄하게 주의를 주겠어요.
갸르르 갸르르

학교 여행 가는 즐거운 날에도
졸졸졸 언니를 따라가려고요.

댕댕이는 모르고

어쩌다 심하게 다쳐서
발목에 보호대를 대고
비틀대며 거니는데
댕댕이는 모르죠.

할할대며 다가와서
한발을 슬쩍 들어서
툭툭 건드리고는

꼬리를 흔들어 대면서
뒷발로 일어서 보아요.

자기를 안아 달라고
지금 꼭 안아 달라고

현관 안에 앉아서

밝은 창가에 앉지 않고
어두운 현관 안에 앉아요.

해 드는 창가에서
아파트에 들어오는 차들
여기저기 지나가는 사람들

모두 볼 수도 있는데
그들을 바라보지 않아요.

온종일 현관.에 앉아서
나간 사람을 생각하고

온종일 한결같이 누워서
한 사람이 돌아오기를
사랑하는 이를 기다려요.

잠시 잠들고

잠시 어슬렁거리다가
현관으로 뛰어가서
닫혀 있는 현관에서

앞발로 건드려 보고서
다시 현관 앞에 앉아서

무엇을 생각하다가
그대로 잠들어 버려요.

잠시 잠에서 깨어나서
거실을 한 바퀴 돌고서
방석 위에 편히 누워요.

한밤에 약속

집사: 얘야, 너는 늘 내 앞에 있어야 해.
애라: 갑자기 뭔 소리야!

집사: 사람이나 강지나 나중에 죽게 마련이지.
애라: 그래서 뭐 어쩌라고!

집사: 어차피 세월 지나면 아프고 힘들고 그렇단다.
애라: 그냥 간단히 말해봐.

집사: 애리도 아프고 남들이 무시하면 어쩌겠니?
　　　허기지고 아프면 인생 개생 몹시 괴롭단다.
애라: 하긴, 그건 맞는 말이지.

집사: 그래서 애리야, 나중에 아프고 고달파도 ..
　　　내 앞에 있어야 내가 보살피지 않겠니?
애라: 그래. 땡큐, 댕댕큐, 애리큐, very much.

집사: 그럼, 나는 애리를 사랑한단다.
애리: 그러면 지금 소고기 스틱 하나 줘봐요.
　　　아니면 단호박 큐브 있으면 주고
　　　우선 하나 먹고 자야겠어요.

이른 벚꽃길

벚꽃이 피어나기 전에
호수길 지나가는데

며칠 후에 벚꽃 피면
벚꽃길 지나가면서
바라보기를 바라는데

한 주일도 가기 전에
벚꽃이 시들어 가니

벚꽃이 떨어져 날려도
나가서 보기 어렵겠네.

외계 댕댕이

긴 털에 발목까지 덮여서
어정어정 뛰어다녔는데
겨울 사이에 길어졌어요.

여름 전에 털을 깎으니
기이한 동물로 변했어요.

다리도 멀쑥이 길어지고
몸통도 가늘게 길어지고
가느다란 목도 드러나니

기다란 목에 동그란 얼굴
볼록 이마에 뾰죽한 귀들
외계 댕댕이로 되었어요.

이상한 짐승

날씨가 더워지기 시작하니
이상한 짐승이 돌아다녀요.

거실에서 어정어정 대는데
북극 하얀 여우처럼
주둥이가 삐죽하게 나오고

베란다 탁자에 앉아 있는데
한밤 뒷산 부엉이처럼
머리는 단호박처럼 둥글고

물끄러미 쳐다보니까
이리로 팔짝팔짝 뛰어와서
그대로 발라당 누워서는

팔다리를 허공에 차면서
겨드랑이 쓰다듬어 달래요.

외출 바라기

털 다듬어서 깔끔한지
날씬한 모습을 보이려고

밖으로 나가고 싶어서
베란다 밖을 바라봅니다..

저 아래 누가 지나가는지
어떤 댕댕이가 짖는지
아무 관심이 없었는데

요즘 잠시라도 안달나서
창문 아래를 내려보는데

얼른 저 아래로 내려가서
기다란 다리로 걸으며
남들 눈길을 받아보려고

변하는 습관

현관으로 달려가서
갸갸갸 세게 짖어도

패드 변두리에 쉬하고
발발발 쏘다니고

한밤에 문득 일어나서
다리 긁으며 보채는데

눈을 보면서 말하지요.
이제 댕댕 습관 변하고
줄어들기를 바란다고

애리는 가만히 말하는데
이제 조금 덜 하고 있고
이제 조금 나아질거라고

방울토마토 세 개

방울토마토를 먹일 때는
알맹이로 삼키지 않게
길고 작게 잘라서 주는데

조각조각 자를 때는
먼저 파란 꼭지를 떼고서
과일칼로 십자를 내어서
네 등분으로 쪼개 내어요.

빨간 작은 열매 조각을
하나씩 천천히 주는데

삼키지 않게 하려면
손으로 조각 끝을 잡고서
두세 번 깨물어 먹게 해요.

두 번째 토마토를 주려고
칼로 자르려고 하는데

나머지 하나가 떨어져서
바닥에 뎅굴 굴러갑니다.

댕댕이가 앞발로 채 가는데
겨우 눈 깜짝하는 순간이고

이리 달라고 말하기도 전에
한 번에 꿀꺽 삼켜 버려요.

남아 있는 토마토 하나까지
빨리 달라고 조르기에

두 번째 토마토를 썰어서
조각조각 입에 넣어 줍니다.

이제 다음부터는 간식으로
방울토마토를 주려고 하면
미리 잘게 썰어야만 하지요.

담장 능소화

소나기 쏟아지니
능소화 넝쿨이
담장을 감싸고

무더위 들어서니
능소화 넝쿨이
창문을 가리고

한 달이 지나가면
두 발로 일어서서

창문을 넘어서
담장을 넘어서
밖으로 나가네.

보름달 사연

보름달 떠오르면
사연이 떠오르네.

둥그런 모습으로
앞날을 비추지만

옛날이 생각나고
그분들 생각나고

보름달 바라보면
잊었던 사연들이
하나하나 보이네.

오늘 산책

오늘도 여전히 더운데
어디로 나가 보자고
댕댕이는 기대하니

근처 산책길 돌거나
댕댕이 숍에 들러서
간식이라도 사야 하나.

한여름 한더위에
집안이 답답해서인지

어디라도 나가보자고
어디라도 들러보자고
벌써 현관에 대기하네.

절룩이는 까치

빗살이 잠잠하니
까치소리 들리네.

까치가 절룩이며
빗길을 걷는데

밤새 비에 젖어서
피부 손상 되었나.

나무가지에 치어서
다리를 다쳤는지

절룩이며 걸어가다
뒤돌아서 날라가네.

사월 르비딤

삼천리 마을 들길에
사월이 지나가는데

라일락 향기 따라서
르비딤 커피 향기도
덩달아서 퍼져나가네.

라일락꽃 떨어지면
사월이 지나가면서
커피향은 더 진하고

르비딤 늦은 봄바람에
커피향 진하게 날리고

2 부

더워지는 여름

더운 팔곡마을

팔곡마을 들어서면
따가운 햇살 받아서
더운 공기 고여있네.

넓은 길도 데워지고
작은 길도 데워지고

울타리도 데워지고
빈 마당도 데워지고

댕댕이는 늘어져서
땅바닥에 배를 대고
일어날 줄도 모르네.

조용한 더위

더위에 지쳐서인지
바람도 불지 않네

길거리도 조용하고
나뭇잎도 떨지 않네.

산새들도 고요하고
댕댕이도 얌전하고

한낮 열기 사나워서
오가는 이들 없지만

그 카페에 들어가면
손님들은 소곤거리네.

뒤집고 낮잠

하루 더위 시작되어
애리는 뒤집어 눕고

앙팡진 앞발을
가슴에 접어 모으고

기다란 뒷다리는
양쪽 옆으로 벌리고

꼬리 털뭉치도
무거워서 늘어지고

까만 서리태 눈은
점점 작아지더니
눈가에 자국만 남고

잡초길

차곡 마을 들어서면
길가에 들풀 무성하고

오얏골 가는 길에는
어디나 잡초 무성하여

발 더듬어 오르다가
되돌아서 내려오네

한고비 더위가 지나면
바쁜 시간 틈내어서

벌초기 한 번 돌리면
잡초 오솔길 열리겠네.

속이 아파서

가만히 앉아서
앞을 보면서
혀를 날름날름

삐죽 주둥이를
위로 쳐들며
혀를 날름날름

잠시 우두커니
발을 모으고
혀를 날름날름

나를 쳐다보며
어쩔 수 없다고
혀를 날름날름

아무래도 애리는
속이 거북해요.

저녁 먹이기 전에
병원에 데려가서

주사 한 대 맞고서
약 처방 받았는데

내일은 주말인데
다음 주에 낫기를
쓰다듬으며 안아요.

죽암마을 안골

반월호수 언저리
죽암마을 길가에

오두막 처마 아래
할머니 앉아계시고

좌판에 가지런히
호박줄기 세 봉지
가지 다섯 소쿠리

둥근 호박 하나
늙은 호박 하나

어쩌다 지나가는
손님을 기다리네.

발걸음

골목길 걸으면서
다리에 힘주면서
어기적 거리고.

산길로 들어서며
발걸음 맞추면서
발발발 거리고.

빨간 입 벌리고서
하네스 줄 당기며

뒷다리 내딛으며
파다닥 거리고.

서늘한 새벽

새벽에 서늘해서
발발발 거리다가

아침이 밝아오면
창가에 머뭇대고

한낮에 무더위는
어떤지 모르니까

실내에서 보내며
소파에 드러눕고

저녁에 무더운데
자기를 봐달라고

서늘하게 놀자고
그르르릉 걍걍걍

한여름 무더위에
애리는 서늘하네.

별일 없기를

털빛이 반짝이고
두 귀는 옹곳하고
두 다리 날씬하고

새까만 두 눈으로
무슨 말 하려는지
좀좀히 바라보네

눈길 서로 맞추니
드러누워 버리네

두 팔을 오무리고
두 다리 뻗으면서
별일이 없다면서
지그시 바라보네.

앞 입술 벌리고서
조그만 빨간 혀를
살며시 내밀면서

불루베리 알맹이

집 안에서는 모르는데
여름이 얼마나 더운지

잠시라도 밖에 있으면
얼마나 고단한지

집 안에 있기 지루하여
산책 나가자고 조르는데

무더운 산책길 걷기는
버티기 어렵다고 말해도

우다다닥 뛰어다니며
현관문을 박박 긁어요.

달래고 타일러 보아도
아앙 아앙앙 짖으면서
잔뜩 짜증을 부려요.

한낮 더운 열기 가셔야
잠시 데리고 나가는데

늦은 밤까지 기다려도
타오른 열기 남을 테니
애리를 달래야 하네요.

냉장고 불루베리 알맹이
한 웅큼 꺼내려 하는데

벌써 까만 애리 눈에
불루베리 한 알 비추어요

두 손가락으로 한 알씩
꼭 쥐어 잡고 있으면
애리는 세 번 뜯어 먹어요

무지개 색깔

무지개 드리우면
슬픔도 드리우고

아름다운 분들은
무지개 건너가고

아름다운 색깔을
생생히 남겼기에

무지개 바라보면
아름다운 색깔에
슬픔이 스며있네.

비 걱정

한밤중 빗소리에
애리는 심란하여
어기적 거리는데

무슨 일이 있는지
이리저리 살피며

밤새 긴장하여
작은 눈 총총히
잠들지 못하네.

한밤중 소란하고
줄기차게 내려도

애리의 바람대로
무슨 일은 없겠지.

불안한 내일

한낮에 비 내리면
온종일 쏟아져도
가만히 쭈그리고서
낮잠에 빠져드는데

한밤에 비 내리면
무언가 불안하여
수시로 일어나서
창가를 살펴보는데

내일도 비 내리는지
무슨 일 일어날지
무언가 불안하여서
밤새도록 잠 못드네.

아침 얼굴

한여름 밤 열기에
얼굴이 익어졌네.

눈두덩 부어오르니
눈뜨기 무겁고

양 볼도 부어올라서
입 벌리기 힘들고

하루밤 사이에
개구리 얼굴 되었네.

댕댕이가 쳐다보고
어처구니 없다면서
멍멍멍멍 짖어대네.

여름 미용

시원한 여름 나려고
기다란 하얀 털을
한 번 더 깎아주어요.

자두 모양 머리에
작은 귀는 쫑긋하고

날씬한 다리인데
백조처럼 길어지고

꼬랑지 끝자락에
솜털 뭉치 매달려요.

발발대며 보채는데
동네 한 바퀴 돌자고

자랑하고 싶어서
우쭐거리고 싶어서

그리운 애리

보고 싶은 애리는
무지개 다리 건너서
먼 곳으로 가버리고

사진 속에 모습은
아직 이곳에 있어요.

검은 테두리 얼굴에
새까만 눈이 빛나고

얼룩무늬 긴 털에
안짱다리 디디면서
아장아장 걸었는데

한동안 뛰고 나서
빨간 혀 드러내고
한참이나 할딱대고

(옛날 기르던 애리)

한적한 산책길

한적한 마을 길을
쫄랑쫄랑 걷다가

댕댕이 머뭇거리면
그곳에서 쉬어가요.

잠시 멈추어 쉬다가
댕댕이가 쳐다보면
다시 졸졸졸 걸어요.

저기 토끼풀 자라고
잔디풀 삐져 나오니
밟고 나서 돌아와요.

저녁 지나면

한동안 누워있다가
가만히 일어나서
저쪽을 바라보는데

무엇을 보고 있는지
댕댕이에게 물어보니

서늘한 산바람이
저 너머 머물고 있는데

저녁이 지나가야만
이곳으로 불어온대요.

애교쟁이

몸을 둥글게 웅크리고
턱에 앞발을 모으고서

눈을 올려서 바라보면
무언가 서운한가 봐요.

허리를 실룩실룩 대고
꽁무니도 살랑 흔들고

빙글 돌며 구부리다가
팔딱 드러누워 버리면
한없이 기쁘게 보여요.

어서 배를 긁어달라고
겨드랑이도 긁고 나서

목덜미도 만져 달라고
한동안 애교를 부려요.

고달픈 세상살이

이리저리 다녀봐도
세상살이 고달프니
어디간들 편하리요.

사람들 만나보면
모양은 의젓하고
말씨는 격식있고
도리를 말하지만

어느새 실망하여
도리어 의심하고

한세상 미숙함을
스스로 자책하여

이곳으로 피하면서
저곳으로 피하면서

꼬인 털

여러 날 무더위에
밖에 나가지 못하고

오후에 내 내린다니
집안에 머뭇거리네.

저녁 습기 눅눅하여
댕댕이 털 꼬이니
손으로 쓰다듬는데

한밤에 별이 보이니
내일 아침 되어서
날씨가 개이게 되면

댕댕이 털이 풀어져
바람에 쉬 날리기를

3 부

가을 길에서

가을 첫날

초가을 하늘은
어찌나 높은지
보이지 않고

가벼운 구름은
어찌나 고운지
만질 수 없고

따가운 햇살이
쏟아져 내려서
눈을 뜰 수 없고

9월 더위

한 달이 바뀌어도
열기는 식지 않고

이른 낮 열기는
다시 이글거리네.

9월 무더위는
선뜻 물러나기를
지겹게 머뭇거리고

9월 서늘함은
벌써 와야 하는데
여전히 머뭇거리네.

냇가 벼이삭

삼천마을 냇가 길은
잡초에 막혀서
들어가지 못하는데

냇가 쪽 벼이삭은
노르스름 변해 가네.

일찍이 해 지면서
삼천마을 어두워도

가을비 소리 내어
쉬지 않고 내려도

냇가 쪽 논길은
금빛으로 환해지네.

치밋산 샛길

댕댕이 데리고서
칠곡마을 걸어가면

개울가 건너편에는
무성한 산속으로
작은 길이 나 있는데

일찍 어두워지기에
들어갈 수도 없는데

무성한 수풀 안에서
툭툭 소리 들리는데

밤송이 떨어지면서
밤들이 흩어지는지

현불사 참나무

현불사 참나무는
길가로 퍼졌는데

이틀 동안 내리는
빗살에 두둘겨서

도토리 껍질까지
알알이 떨어져서
길가에 굴러드네.

다음주 지나고서
새달이 들어서고
찬바람 불어오면

참나무 잎사귀는
갈색으로 물들어
길가로 구르겠네.

가을 속으로

해 지고 나면
오가는 소리 끊겨서
너무나 쓸쓸하고

한밤이 되면
바람도 일지 않으니
단번에 고요하여

가을 속으로
빠져들어 가는데도
달빛도 숨죽이고

이른 새벽까지
아무 소리 없으면서
가을은 깊어 가고

생골 가을비

생골집 쉼터에는
대문이 아예 없네.

허술한 지붕으로
가을비 내리기에

댕댕이를 안고서
마당에 들어가니

빈집을 지키려고
빗줄기 굵어지고

마당에 깔아 놓은
조약돌 적시고서
시냇물을 이루네.

가을 반월호수

가을날 반월호수
더없이 너른데

하늘을 담아서
마냥 푸르고

햇살을 담아서
눈이 부시고

바람도 담아서
물결도 잔잔하고

어두운 밤에는
달빛도 담기겠지.

가을 털빛

호수가 하늘에는
새털구름 퍼지며

새하얀 바탕으로
천천히 변하면서

댕댕이 이마 위에
은은하게 비추네.

수리산 줄기에서
갈색잎 날려오니

연갈색 줄무늬는
댕댕이 허리 위에
드문 드문 퍼지네.

호수 돌계단

애리를 데리고서
돌계단에 앉아서

반월호수 보면서
두 계절 생각하네.

이른 봄에 앉아서
갯버들 바라보며
살얼음 풀리기를

한여름에 앉아서
앞산을 바라보며
무더위 가시기를

두 계절 지나가니
호수 물빛 차갑고
돌계단도 차갑고

건건 마을 냇가

건건 냇가 따라서
가을이 들어서고

개울 둑길 따라서
코스모스 피어나고

코스모스 따라서
댕댕이 걸어가는데

빗방울 떨어져서
발길을 되돌리네요.

한밤 사프란

한낮에 사프란은
무슨 말을 하려다가
수줍어 망설이다가

서늘한 한밤에도
무슨 말을 하려다가
아무 말도 하지 않네.

그 모습 그대로
그 빛깔 그대로

한밤 지나고서
새벽이 되어야
무슨 말을 하게 될까.

르비딤 무지개

커피향기 따라서
르비딤 들어가면
란타나 마주하네.

노란 송이 틈새로
주홍 송이 끼어서
연분홍 송이 피고

무지개 다발 되어
한 아름 피어나네.

한낮에도 무지개
한밤에도 무지개

그 길 쉼터

그 길을 지나가면서
잠시나마 쉬어가네.

궁도화 덩굴 늘어지고
수국 울타리 둘러지고

분홍 배롱 마주 보고
하얀 사프란 보면서
잠시나마 앉아 보네.

담쟁이 덩굴 움츠리고
검붉게 물들어 가는데

길가 구절초

댕댕이 지나가면
구절초 피어나고

댕댕이 숨결에
구절초 흔들리고

댕댕이 바라보면
구절초 마주보고

댕댕이 돌아서면
구절초는 아쉬워
하얗게 변해 가고

댕댕이 가는 길은
새하얀 구절초 길

비어지는 마음

가을이 오면서
소리가 들려서

가을길 들어가면
낙엽이 떨어지고

가을이 깊어가며
바람이 차가운데

가을길 지나가면
마음이 비어지네.

알밤 한 바구니

바구니를 열어보니
알밤을 보내주셨는데

단단한 밤톨은
작은 조약돌 만한데

다람쥐가 산속에서
여러 번 굴리다가

힘들고 지쳐서
그대로 버려두었는지

밤톨 하나하나마다
반질반질 빛을 품고

코스모스 보면서

가을이 깊어지기에
가을 길에 들어서는데

코스모스 보면서
애리가 걸어가요.

빨간 코스모스 보면서
언니를 생각하고

분홍 코스모스 보면서
오빠를 생각하고

하얀 코스모스 보면서
엄마 아빠 생각하고

갈색 길

처음 가는 길인데
갈색 낙엽 밟으니

애리 하얀 털빛도
갈색으로 변하네.

단풍 길 들어가서
붉은 잎 밟아보면
울긋불긋 되는데

가을 길 가다보면
조금만 지나가도
알록달록 변하겠지.

우리 함께

오늘은 발걸음이
어찌나 가벼운지

종종종 걸어가다
어쩌다 멈추고는

눈부신 척 하면서
뒤돌아 보아요.

하네스 당기면서
나에게 말하는데

가을 길 따라가며
코스모스 보자고

르비딤 누나들

애리는 앞서 걸어가며
가을 햇살이 비추는
르비딤 카페로 들어가요.

빨간 혀를 조금 내밀고
나무 계단에 앉아요.

커피 향기도 아니고
국화 향기도 아니고

카페 누나들 만나려고
문 앞에 앉아 기다려요.

쏟아지는 햇살만큼
폭풍 칭찬 받고 싶어서

불안한 마음

며칠 아니고 겨우 이틀 동안
그 집에서 지내기로 하고
잠시 데려다 주었는데

강아지는 까만 눈빛으로
어쩐지 불안하다고 말해요.

초조하게 바라보는데
잠시 후에 어서 돌아오라고
오직 몇 시간만 기다린다고

잠시 이별이라고 해도
견디기 어려운 슬픔이라고

작은 가슴이 놀라지 않도록
작은 상처라도 남기지 말라고

가을바람 즐기며

따스하고 기다란 햇살이
창문 깊게 내리비추고
바람도 선선하게 들어오니

창가에 서성이던 강아지도
그곳에 자리를 잡아요.

작은 눈이 부셔서인지
감기는 눈을 흔들어 대며
햇살 목욕 즐기고

보숭보숭 털 덩어리는
살랑살랑 부풀어 오르면서
바람 목욕을 즐겨요.

가을 햇살 받으며
가을 바람 마주하며
강아지는 일어나지 않아요.

코스모스 줄무늬

아무도 코스모스를
미워하지 않아요.

누구나 코스모스를
이뻐하고 사랑해요.

가을에 코스모스 피어나면

빨간 코스모스
하얀 코스모스
분홍 코스모스 되어요.

나는 무슨 코스모스 되나요.

댕댕이 코스모스는
하얀색 바탕이면서
크림색 줄이 있어요.

서늘한 바람

하루 밤 지나고서
서늘한 가을바람 불더니

기다란 보숭보숭 털이
산들산들 날아가요.

하얀 솜뭉치 되어서
날리고 날리는데
손으로 잡히지 않아요.

송이송이 날아가니
마음도 어디로 날아가요.

분홍색 이불

초가을 들어서자마자
다시 얇은 분홍 이불 꺼내요.

반으로 접어서 펴기도 하고
길고 넓게 펴기도 하는데

초저녁에 뛰어들어 앉았다가
새벽에 다시 몸을 뒤집으며
분홍 이불에서 나오지 않아요.

이불 속에 파묻혀서 말해요.
자기는 가을 강아지 되어서
자기는 분홍 강아지 되어요.

예민한 계절

요즘은 귀는 예민해요.

두 귀를 세우고서
수시로 움직이며
무언가 들어요.

요즘은 코가 예민해요.

작고 까만 코를
수시로 벌름거리며
무언가 맡아 보아요.

길어지는 털 만큼이나
가을이어서 예민해요.

오늘 밤 혼자서

오늘은 밤에 혼자서
캄캄한 방 안에서
무슨 생각을 하고 있을까.

자기 집에 웅크려서
포근히 잠들기나 했으면

하루 밤 혼자 있으며
안절부절 하지 않기를
지쳐서라도 잠들기를

포근히 잠들어서
꿈에서 서로 만나기를

오늘은 먼 곳에 있지만
내일은 다시 함께 있기를

갑자기 추워서

밤새 갑자기 추워지고
서리까지 내려앉으니

소나무 참나무 전나무
바들바들 떨기만 하고
질긴 억새풀 부러지고

산고양이 들고양이
추위 피하려고 날뛰면서
바위 틈으로 들어가요.

댕댕이는 가만히 앉아서
단풍잎 어떤지 보는데
올해도 가을이 그러한지

눈을 마주 보며

방 안에 가만히 앉아서
고개를 갸우뚱하는데

까만 눈에는 물기가 들어
더욱 까맣게 보여요.

깜빡이지도 않고 바라보니
서로 눈을 맞춰 보아요.

내가 슬쩍 웃어보는데
혀를 슬쩍 내밀어 대답해요.

처음에 만나서 말했는데
다시 기억해 보아요.
우리 서로 외면하지 말자고

마른 낙엽

바싹 마른 낙엽들을
앞발로 눌러 보아요

바스락 소리 나는지
가만히 들어보아요.

낙엽 하나 떨어지면
다시 앞발로 누르고
냄새를 맡아 보아요.

낙엽을 밟으며 걸으며
가을 냄새를 간직해요.

보드라운 구름

보드라운 솜털이
슬금슬금 빠져나가고

한올 한올 들뜨면서
창밖으로 날아가요.

어디로 날아가는지
하늘을 바라보면

새하얀 댕댕이 솜털이
파란 하늘에 모이는데

댕댕이도 의아해서
털구름을 바라보아요.

나는 누구

누가 내려놓고 갔는지
어찌하여 여기에 있는지

내가 누구인지
나는 알지 못하지만
이제 궁금하지 않아요.

어차피 알 수 없어요.

그대 품에만 안기면
한없이 포근하여서
모두 잊을 수 있어요.

그대에게 안기고 싶으니
나를 살며시 들어서
안아주기만 해 주세요.

낙엽을 헤치고

가을은 화려하다고 하는데
느티나무 짙은 갈색 잎
붉게 타들어 간 단풍잎
은행나무 노란잎 떨어지고

적갈색 벚나무 잎사귀들
여기저기 흩어져 날리고

불타는 낙엽을 헤치고
하얀 댕댕이는 뛰어가요.

가을 잎사귀를 뒤집으며
바람이 일어나는 곳으로
입을 벌리고서 달려가요.

가을 털끝

하늘이 파랗게 보일까요.
구름이 하얗게 보일까요.
은행잎 노랗게 보일까요.

파란 하늘
하얀 구름
노란 은행잎

색색으로 보이지는 않더라도
가을 빛깔을 느낄 수 있어요.

가을이 오자마자
댕댕이 털끝이 예민해요.

단풍잎 밟으며

단풍잎 밟으면
바스락 소리 나면서
바스러지는데

댕댕이가 밟으면
소리 나지 않으면서
바스러지지 않아요

댕댕이 발자국 눌러도
부서지지 않아요.

단풍잎을 밟아도
발자국 남기지 않아요.

낙엽 헤치고

낙엽을 하나 둘 밟으며
쪼르르 걸어가다가

낙엽 무더기에 들어가서
앞발로 치면서 뒷발로
퍼버벅 뭉개버려요.

다시 쪼로로 걷는데
낙엽이 앞발에 걸리고

갈색 잎사귀 하나가
하얀 털에 걸렸으니

댕댕이는 어쩔 줄 몰라서
앞발을 저으며 흔들어요.

아름다운 가을 낙엽인데
댕댕이에게는 성가셔요.

낙엽 산책길

산책길 지나가면서
낙엽을 살짝 밟아요.

쪼르르 쪼르르 지나가면
노란색 은행잎이고

깡총깡총 뛰어가면
갈색 느티나무잎이고

멈추고서 밟아보면
주홍색 단풍잎이네요.

댕댕이 머리에 떨어지면
크림색으로 되어요.

댕댕이가 바라보는 곳에
가을잎 울긋불긋 날려요.

슬퍼지는 눈빛

한나절 혼자 기다리는데
다시 만나기를 바래요.

온종일 기다리며
조급하여 걱정이 되어요.

하루 이틀 지나면
댕댕이 눈빛은 슬퍼지네요.

나는 어디로 가야 하는지
나에게 외로움 남겨지겠지.

가랑잎 소리

나뭇가지에 걸리다가
바람에 날려서
사르르르 구르고

낭떠러지에 굴려서
비탈에 굴려서
사르르르 뒤집고

외진 산길 돌아가며
돌 틈 아래 건너가며
사르르르 빠지고

댕댕이 걷는 길에서
작은 발 앞에도
사르르르 날리고

댕댕이 도토리

댕댕이는 언제쯤에
다람쥐를 볼 수 있나요.

굴참나무 잎사귀 들치며
단단한 도토리 한 톨을
앞발로 비벼 보아요.

도토리 냄새를 맡아보고
그 자리에 두고서

앞발로 가랑잎을 집어서
도토리를 덮어두어요.

저쪽 검바위 구석에서
다람쥐가 보고 있어요.

4 부

추워지는 계절

처음 보는 겨울 눈

애리는 초봄에 태어났으니
첫해 겨울 눈을 볼 수 없었어요.

그다음 해에는 그곳에서
실내 한구석 울타리 안에서
온종일 사계절 지냈으니
겨울 눈이 어떤지 모르다가

오늘 낮에 흐리고 눈이 날리니
애리는 두 발로 일어서서
창문을 박박 비벼 보아요.

창문을 살며시 열어주니
찬바람 따라서 눈송이 들어와요.

댕댕이 애리는 삼 년이 되어서
처음으로 겨울 눈을 보아요.
하얀 겨울 눈을 느껴 보아요.

외로운 기다림

오늘 멀리 가고 싶어도
어디로 멀리 가더라도
어서 일찍 돌아오세요.

겨울밤은 무척 적적하여
기다리기는 애처로워요.

겨울에 멀리 가더라도
마음은 저에게 두세요.

어디로 홀가분히 떠나서
모든 것을 잊으려 해도
저는 기다리고 있어요.

따라오는 까치

오랜만에 바람고개 산책길 따라서
풀 냄새 맡으며 달려요.

고개를 넘어서 샛길로 들어가니
아무도 없어요.

언제 누가 이곳으로 지나갔는지
관심도 없어요.

까치가 나를 바라보고 있는데
아까는 마른 낙엽 뒤지더니
지금 오리나무에 앉아 있어요.

내가 가는 길을 따라오거나 말거나
나는 관심이 없어요.

저 까치가 날아오든지 날아가든지
나는 관심이 없어요.

나는 이 길을 쫄랑쫄랑 뛰어가요.

걔르릉 걔르릉

앞발을 들어 올리며
걔르릉 거리고

뒷다리 쭉 뻗으면서
걔르릉 거리고

몸을 살짝 구르면서
걔르릉 대는데

덤비는 소리 아니기에
공격하는 소리 아니기에

댕댕이 눈을 맞추며
나도 흉내 내면서
걔르릉 걔르릉

댕댕이는 더욱 신나서
한 번 더 걔르릉 걔르릉

기절한 원숭이

이번에 고동색 원숭이 인형이
크게 당할 차례입니다.

한 달 전 회색 멍멍이 자빠지고
몇 주 전 녹색 악어도 뻗어나고
지난주에 갈색 조개도 깨졌는데
이번에는 고동색 원숭이 당해요.

댕댕이 한데 걸려들어서
길게 눌어진 팔이 찢어지고
기다란 꼬리는 뜯어지고
납작한 주둥이도 깨물려서
그대로 기절해 버렸어요.

댕댕이 한데 걸리기만 하면
인형들은 무사할 수 없지요.

조무래기 인형들을 물리치고
천하장사 댕댕이는 당당해요.

길 건너기

저 길을 건너면 되는데
하얀 줄 길게 그어진
횡단보도 건너면 되는데
얼핏 잔뜩 긴장되어요.

바로 저 길 반대편에
다리 짧은 강쥐가 있으니

으르렁 짖어댈지도 모르니
마주치는 게 조심스러워요.

이럴 때는 앞발을 들고서
아빠 다리를 박박 긁어요.

나를 안아 달라고 졸라요.
아빠 팔에 안기면 좋아요.

가려진 커튼

창문 가린 커튼 사이로
새벽 빛이 들어오는데
잠시 커튼을 열지 않아요.

한참이나 그대로 두어도
더 밝게 비추지 않으면
새벽안개 끼었을 테고
흐린 아침이 이어지는데

커튼을 거두어 두지 말고
전등을 켜고 싶지 않아요.

댕댕이도 그대로 누워서
몸을 한번 뒤집어 보아요.

까치 날아가고

조금 흐린 날에
까치 한 마리 날아가고

아주 맑은 날에
까치 두 마리 날아가니

댕댕이는 혼자서 말해요.

가을 하늘을 바라보면
조금 흐려도 아름답고
아주 맑아도 아름답다고

까만 발바닥

동전 만한 발바닥 사이에
하얀 털이 자랐어요.

두 발을 들어 올릴 때마다
방방방 뛰어다닐 때마다
미끈 비틀어져 불안해요.

발바닥을 사이 하얀 털을
간신히 다듬고서 재워요.

턱을 받치는 앞발이 까맣고
쭉 뻗은 뒷발이 새까맣고

발바닥 하얀 털이 빠지고
이제 안심으로 채워졌어요.

언니를 기다리고

하루해 짧아지는데
어두움 드리우는데

아빠는 오지 않아서
걱정이 덜그덩 대며
외로움 밀려 들어요.

이따가 들어오는지
얼마나 기다리는지
한밤이 들어서면서
온몸이 긴장되어요.

두 귀를 쫑긋 세우고
까만 코 움찔거리며
아빠가 어디 오는지
가만히 세어 보아요.

속이 불편해서

애리가 아픈가 본데
지난주부터 매일매일
혀를 낼름 거리는데

음식을 먹기만 하면
한동안 낼름낼름

간식을 조금 먹고서
한동안 낼름낼름

어제 병원 처방으로
주사 맞고 약 먹고서
어느 정도 진정되어
다행으로 여겼는데

요즘 식사 알갱이와
직접 조리한 간식을
조금씩 먹었는데도

참아내기 어려운지
다시 혀를 낼름대니

주말 이틀 기다리며
회복되기 바라는데

진정되지 않는다면
큰 병원에 데려가서
정밀검사 받아야지

애리는 내 품에 안겨
나를 빤히 바라보고
나도 애리 눈 맞추고

눈 밟으며

풍성한 꼬리 털이
살랑살랑 흔들리고

가느다란 눈송이
살랑살랑 날리는데

댕댕이 뛰어간 길을
살며시 따라가면서
발자국 지우게 되니

댕댕이 지나간 길은
하나도 보이지 않고
하얀 눈길만 보여요.

하얀색으로

이번에도 털 색깔이
하얗게 변했어요.

언제나 바탕 털빛은
하얀색 그대로인데

새벽에 눈이 내리고
온 세상 눈빛으로 덮이고
애리도 밝은 하얀색으로

오똑한 귀에는
그대로 연한 갈색인데

잔등에 줄무늬는
그대로 연한 갈색으로

안아주세요

현관문으로 나가자마자
두 발로 서서 튀어올라요.

학학거리며 뒤땅거리고
목줄을 입으로 물고서
어서 안아달라고 졸라요.

아파트 샛문으로 나가서
마을버스 길 건너서

연립주택 골목 지나서
산길까지만 안고 가기로

한적한 둘레 샛길에서는
낙엽 밟으며 걸어가기로
눈을 맞추고서 약속해요.

미워하지 않고

애리는 앙앙거리지 않아요.
애리는 사랑하나 보아요.
까만 눈으로 쳐다보니까요.

애리는 미워하지 않아요.
까만 눈이 맑으니까요.

에리는 잠시 잊어버리죠
아마 지난날 잊었을거예요.

아무도 미워하지 않고
까만 눈을 아래로 내리고
쓰다듬는 손길을 기다려요.

젖은 고양이

어두워지는 저녁 무렵에
검은 줄무늬 고양이는
발걸음이 거북하네요.

길가 턱을 오르려고 하는데
앞발로 디디기 힘들고
겨우 두어 걸음 옮기는데
뒷다리를 절룩거려요.

겨우 한 뭉치 몸이 무디기에
한 골목길 지나가면서

가랑비 고스란히 맞으면서
작은 몸은 흠뻑 젖어서
저 길로 간신히 지나가요.

어디로 가는지 모르는데
어디까지 갈 수나 있겠는지

함박눈 보며

새벽에 내린 눈이
새하얀 바다를 이루고서

함박눈으로 변하여
갈 곳을 알 수 없는데

바라보던 댕댕이도
자리 잡고 웅크리고

턱을 괴고 누워있다가
아예 눈을 감아버리네.

별빛 비추고

어쩌다 의아한 일이 있으면
두 귀를 쫑긋 세우고
얼굴을 약간 비틀고서
골똘히 바라보아요.

오늘은 무슨 일이 있는지
무슨 생각하는지
검은 눈이 우울하게 보여요.

기쁜 일이 있으면
까만 눈에 별빛이 비추는데

어쩌면 오늘 밤에도
애리 눈에 별빛이 비추기를

작은 눈

작은 눈이라서
까만 두 눈을 뜨면
눈가 테두리를 차지하고

눈을 감으면
눈가에 까만 자국만 보여요.

눈으로 말하면서
마음을 내어 주어요.

엄마가 어디로 외출하면
까만 눈이 초조해요.

언제나 까만 눈은
작아도 빛나는데
서로서로 마주 보아요.

이상한 잠버릇

앞발을 엉거주춤 들어서
그의 다리를 살짝 긁으면

그는 옆으로 다리를 벌리고
다리에 턱을 고이고 누워요.

잠시 꾸물대며 앞발을 들어서
그의 손을 살짝 두드려 보면

그는 팔을 옆으로 펼치고
팔을 베개로 베고서 누워요.

한참 동안 잠든 사이에
그의 가슴에 머리를 파묻어요.

아침이 되어서 깨어나면
그의 발 아래 거꾸로 누워요.

기어가는 길냥이

검은 길냥이 한 마리
살그머니 기어가다가

겨울 햇살 맞으며
바위에 웅크리고서

눈 녹은 물소리를
가만히 듣는 척 하는데

털복숭아 댕댕이는
개울을 뛰어넘어서
주위를 두리번거리네.

댕댕이 지나가는데
길냉이는 숨 죽이고

초조한 미용

초조하여 발발거리며
누가 오기를 기다려요.

발바닥 털을 다듬고
아랫배 털을 다듬고
깔끔하게 목욕하고
다시 털 손질하는데

몸은 말끔해지는데도
마음은 초조해요.

미용실 문을 바라보며
누군가 오기를 기다려요.

어서 누구에게 안겨서
집에 가기를 기다려요.

우울한 눈빛

언제나 눈이 까만데
오늘은 더욱 까만데
밤이 갈수록 까만데

가만히 무언가 보는데
새까만 눈가에는
눈물이 어른거려요.

머금은 눈물을 가리려고
살며시 다가와서 안겨요.

오늘은 우울해서인지
무슨 생각이 떠올랐어요.

그의 새까만 눈에
그 모습이 스며있어요.

발 시린 강아지

쌓인 눈길 헤치며
발 시린 줄 모르고
서슴없이 걸어가네.

코 앞에서 눈바람이
거세게 몰아치는데

꼬리 들어 저으면서
파닥파닥 뛰어가고

하얀 눈길 따라서
조그만 발자국들이
뚜렷하게 새겨지네.

동백꽃 담기고

애리가 바라보던
새빨간 동백꽃은

바람도 불지 않는데
힘없이 툭 떨어져
저만치 굴러가니

애리가 갸우뚱하고
비스듬히 바라보니

까만 두 눈에는
빨간 동백꽃 담기고

작품 해설

댕댕이와 함께 걷는 아름다운 이야기

심재황
언어학 박사, 시인, 문학평론가

　이 작품에서는 작은 포메라이언 강아지를 소재로 하여, 주인과 주변 인물들의 일상생활을 소개하고 있다. 어떤 기회로 인하여 다시 기르게 되는 강아지는 소중한 인연으로 전개되고 동물과 교감을 나누게 된다.

　먼저, 작가는 자신이 강아지와의 첫 인연을 소개하고 있다. 그는 어린 시절에 저패니즈 스패니얼(Japanese Spaniel) 얼룩 강아지를 기르던 기억을 떠올리는데, 이러한 이야기를 작품의 서두인 "작가의 말"에서 언급하고 있다. 그 당시 강아지의 이름은 애리, 이미 무지개 다리를 건너갔지만, 그와함께 하던 추억을 소개하고 있다. 어쩌면 나이가 들어서 발을 디디며 걷기도 힘들었던 애리의 모습이 작품에 그대로 묘사되어 있다.

보고 싶은 애리는 / 이미 무지개 타고 / 먼 곳으로 가버리고
사진 속에 모습은 / 아직 이곳에 있어요
검은 테두리 얼굴에 / 새까만 눈이 빛나고
얼룩무늬 긴 털에 / 안짱다리 디디면서 / 아장아장 걸었는데
한동안 뛰고 나서 / 빨간 혀 드러내고 / 한참이나 할딱대고

-「그리운 애리: 옛날 기르던 애리」본문에서

　시인은 그때의 애리가 현재로 이어주기를 바라면서, 과거와 현재의 시점을 연결시키고 있다. 즉, 지금 데리고 온 강아지의 이름을 옛날 강아지의 이름을 이어받아서 그대로 애리라고 부르고 있다.
　또한 시대가 바뀌어서 옛날에는 강아지라고 불렀고, 요즈음은 댕댕이라고 부르기는 하지만, 애리에 대한 아름다운 사랑은 변할 수 없음을 명시하고 있다. 이와 같이 두 가지의 대상을 하나의 대상으로 일치시키면서, 작가가 의도하는 거울 효과(mirror effect)를 강렬하게 이끌어내고 있다.
　작가는 이러한 효과를 작품 전체에 투영하면서도, 주로 현재의 대상에 초점을 맞추고 있다. 따라서 현재 댕댕이와 첫 만남에 대해 소개하면서, 어색했지만 서로의 깊은 공감과 애정을 아름답게 서술하고 있다.

우리가 다시 만났을 때 / 그전에 한 번 보았지만 / 눈을 맞추기 어색한지
너는 몸을 슬며시 꼬면서 / 고개를 옆으로 돌리고서 / 꼬리를 살살 흔들었지
서로 다시 바라보게 되고 / 눈빛을 외면할 수 없었고

-「나는 너를 안고서」본문에서

　작가는 순간의 감정에 대한 변화를 예리하게 포착하고 있다. 다시 말해서, 댕댕이와의 첫 만남은 매우 짧은 시간이지만, 서로의 공감은 급격하게 발전되고 있음을 서

술하고 있다. 이러한 첫 만남에서 느낀 서로의 교감을 통하여, 앞으로 넓고 아늑한 서로의 생활 속으로 걸어 들어가고 있음을 암시하고 있다.

내가 살며시 손을 내밀고 / 너는 가만히 눈을 내리고 / 내 손에 입을 맞추었지
너는 나에게 안기고 싶어서/ 조그만 앞발을 들었고
너의 가슴은 콩콩콩 뛰었고 / 너의 눈빛은 말하고 있었지
이대로 함께 있기를 바라고 / 어디라도 데려가 달라고

-「나는 너를 안고서」 본문에서

작가는 이 시집에서 댕댕이와의 일상생활을 4단계로 구성하여 서술하고 있다. 이러한 시간별 구성은 의도적인 것은 아니며, 댕댕이와 생활하는 가운데 주고받은 이야기들은 정리하면서 자연스럽게 이루어진 것이다.

이전의 초기 대략 1년간의 댕댕이 모음 작품인 <수줍은 댕댕이 눈빛 (A Shy Glance of My Lovely Puppy), 2023년>은 작가의 입장에서 댕댕이를 바라보던 시각을 중심으로 구성되었다. 그러나 이번 작품집은 댕댕이와 대화하며 함께 바라보는 주로 2인 중심적 시각으로 변화되어 가고 있음을 알 수 있다.

또한, 댕댕이와 함께 대화하면서 그때그때 느끼는 크고 작은 정감을 공유하고 있다고 볼 수 있다. 단지 그 시기를 구별하다 보니까, 작품집에서 작품들을 계절별로 분류했다고 본다. 그러나 작가의 봄, 여름, 가을, 그리고 겨울의 4계절이라는 외부적인 변화를 통하여 댕댕이의 내부적인 상태의 변화, 예를 들어서 털 빛깔이라든가 음식에 대한 민감한 정도까지 파악하고 있다. 더 나아가

서, 댕댕이의 심리적 변화까지 예리하게 관찰하여 작품 내용에 반영하고 있다.

댕댕이 솜털이 / 살랑살랑 날려도 / 차갑지 않기에
봄 냄새가 어떤지/ 까만 코 움찔대며
한 모금 들이키고서 / 다시 한 번 마시네

-「봄바람 들이키고」본문에서

  이 작품에서 봄에 대한 묘사는 댕댕이의 봄나들이인데, 댕댕이의 호기심을 통하여 변화하는 계절을 노래하고 있다. 댕댕이는 봄 계절을 온몸으로 느끼며, 이제 봄이 왔음을 자신 있게 말하고 있음을 알게 된다.
  또 다른 계절인 가을에 대한 작품의 비중이 다소 많음을 알 수 있는데, 그 이유로서 작가 자신의 시간적 여유와 비례한다고 본다. 즉, 틈이 나는 대로 댕댕이를 데리고 근처에 익숙한 곳들을 다니며, 가을에 바라보는 대상들과 댕댕이의 상태를 정리하고 있다.

처음 가는 길인데/ 갈색 낙엽 밟으니
애리 하얀 털빛도/ 갈색으로 변하네
단풍 길 들어가서/ 붉은 잎 밟아보면/ 울긋불긋 되겠네
가을 길 가다보면/ 조금만 지나가도/ 알록달록 되겠지

-「갈색 길」본문에서

  이러한 작가의 관찰적 시각은 마지막 계절인 겨울까지 이어지고 있다. 우리 인간이 느끼는 자연의 변화는 지극히 당연하다고 할 수 있다. 그러나 댕댕이는 차가운 계

절에 대하여 본능적으로 예민하게 반응하는데, 작품 속에서 댕댕이 애리는 겨울철에 날리는 눈을 3년 만에 처음으로 보게 된다. 이러한 안타까운 이야기를 작가는 애리의 과거 어두운 경험을 배경으로 하여 현재의 들뜬 모습으로 그려내고 있다.

애리는 초봄에 태어났으니
첫해 겨울 눈을 볼 수 없었어요

그다음 해에는 그곳에서
실내 한구석 울타리 안에서
온종일 사계절 지냈으니
겨울 눈이 어떤지 모르다가

오늘 낮에 흐리고 눈이 날리는데
애리는 두 발로 일어서서
창문을 박박 비벼 보아요

-「처음 보는 겨울 눈」본문에서

  시간이 한참이나 흘러서 이제 3년이 지나고, 애리는 다른 불안한 요인들이 대부분 해소되었기에, 일상적인 습관도 어느 정도 다른 댕댕이들처럼 정상적으로 돌아왔다고 볼 수 있다. 이제 애리는 약간 까다로운 성격만 제외하면 별로 이상하다고는 볼 수는 없는 상태이다.
  그러나 댕댕이 애리가 경험하고 있었던 또 다른 어두운 면은 어린 시절에 고립적인 환경을 들 수 있다. 외부와 자연스런 유대감을 형성하지 못한 애리는 자라나면서 타인에게 적대감을 드러내는데, 본능적으로 매우 과격한 반응을 보이게 된다.

작가는 이러한 애리의 비정상적인 행동에 대하여, 애리의 심리적 불안감으로 해석하며 이러한 요소를 해소해야 한다는 의도를 작품에 담고 있다. 애리의 불안감에 대하여 사실적으로 묘사하고 있는데, 애리는 불안감을 공포의 상태 그대로 표현하고 있다.

어수선한 상가에는/ 낯선 사람들 지나가는데
잔뜩 겁먹은 애리는 / 걍걍걍 짖어대는데
자기에게 오지 말라고/ 꼬랑지를 숨기고서/ 가슴 떨면서 짖어대네

-「겁먹은 애리」본문에서

그러나 다행히도 애리는 정다운 분들을 만나게 되고, 그분들의 사랑스런 손길을 통하여 타인들에게 접근하려고 한다. 오랜 시간이 지나면서 비록 제한적인 분위기와 교류이기는 하지만, 애리는 점차 적극적으로 타인들과 소통하려는 의지를 보이게 된다.
작가는 애리의 이러한 의도를 알아채고는 그런 분위기가 어울리는 곳으로 발길을 돌리게 된다. 애리는 자신이 접근해도 안심이 되고, 늘 포근하게 쓰다듬어 주는 '르비딤 까페'의 누나들을 그리워한다. 오늘도 산책하면서 길가 한적한 카페 '르비딤 누나들'에게 다가가려고 하는데, 작가는 이러한 다정한 모습을 하나의 서사적인 정경으로 그리고 있다.

애리는 앞서 걸어가며/ 가을 햇살이 비추는/ 르비딤 카페로 들어가요
빨간 혀를 조금 내밀고 / 나무 계단에 앉아요

커피 향기도 아니고 / 국화 향기도 아니고
카페 누나를 만나려고 / 문 앞에 앉아 기다려요
쏟아지는 햇살만큼 / 폭풍 칭찬 받고 싶어서

-「르비딤 누나들」본문에서

 마지막으로, 작가는 옛날 어린 시절에 기르던 강아지 에리를 회상하며, 이를 다시 현재의 댕댕이 애리로 이입시키고 있다. 옛날에 떠나간 강아지와의 가슴 아픈 이별을 통하여 우리가 겪어야 하는 슬픈 이야기를 도입하고 있다. 이를 통하여 현재와 미래에 우리가 경험하게 되는 동일한 이별의 아쉬움에 대하여 피하려고 하지 않는다.

엄마 품을 영원히 떠나서/ 무지개 다리 건너가는데
별들이 마구 쏟아지기에 / 두 손으로 가득 받았어요
엄마에게 한 줌 드리니 / 슬픈 일들이 떠오르걸랑 / 반짝이는
별빛을 보세요

-「무지개 다리 건너며」본문에서

 작가는 댕댕이들이 우리와 이별하게 되면 건너가야 하는, 저 하늘의 무지개 다리를 두 가지의 속성으로 노래하고 있다. 즉 아름다운 무지개 다리이지만, 그 안에는 아름답고도 슬픈 추억이 공존하고 있음을 노래하고 있다. 여기에서 제3자 모두 공감의 일치를 이끌어내고 있다. 즉, 작가와 댕댕이 애리, 그리고 독자라는 3자들의 일치된 감동을 유도하게 된다.

저는 빛나는 별이 되어서 / 밤하늘 어디나 뛰어봐도
그때가 너무 아름다워서 / 잊지 못하기에 슬픈가요

-「무지개 다리 건너며」 본문에서

　작가의 전 작품은 대체로 서정성을 바탕으로 이루어져 있다는 점에서 대부분 평론가들은 동의하고 있다. 이 작품집에서도 작가는 특유의 서정성을 간결한 시적인 문제로 다듬고 있다. 그이 작품 전체를 자세히 살펴보면, 작가의 작품들은 시간이 지날수록 더욱 간결한 어휘 표현과 시적인 구조를 도입하고 있다.

애리가 바라보던 / 새빨간 동백꽃은
바람도 불지 않는데 / 힘없이 툭 떨어져 / 저만치 굴러가니
애리가 갸우뚱하고 / 비스듬히 바라보니
까만 두 눈에는 / 빨간 동백꽃 담기고

-「동백꽃 담기고」 본문에서

　그러나 작가는 너무 정형적인 형식은 피하면서, 자연스런 운율 형식을 추구하고 있다. 이러한 작가의 기법은 그의 시에 한층 생기를 불어넣으면서, 독자에게는 접근하기 쉬운 내용과 문제를 제시하고 있다.
　이 시집을 읽으면서, 댕댕이 애리의 사랑스런 모습이 끊임없이 떠오르게 된다. 애리가 발발발 달려가는 곳은 어디인지, 어디에서 발길을 멈추는지 추측하게 된다.
　문득 애리가 어느 날 어디로 발길을 옮기는지 궁금하게 된다. 그리고 애리가 바라보는 아름다운 곳을 함께 상상하게 된다, 그곳에서 애리를 반겨주는 아름다운 분들도 떠올리게 된다.